Al olvido llama el puerto

TRÁNSITO DE FUEGO

Colección de poesía

Poetry Collection

TRANSIT OF FIRE

Arnoldo Quirós Salazar

AL OLVIDO LLAMA EL PUERTO

Nueva York Poetry Press LLC
128 Madison Avenue, Oficina 2RN
New York, NY 10016, USA
Teléfono: +1(929)354-7778
nuevayork.poetrypress@gmail.com
www.nuevayorkpoetrypress.com

Al olvido llama el puerto
© 2020 Arnoldo Quirós Salazar

© Contraportada:
William Velásquez

ISBN-13: 978-1-950474-44-8

© Colección *Tránsito de Fuego* vol. 13
(Homenaje a Eunice Odio)

© Concepto de colección y edición:
Marisa Russo

© Diseño de portada:
William Velásquez Vásquez

© Diseño de interiores:
Moctezuma Rodríguez

© Fotografía del autor:
Emmy Tomasita Durán Mora

© Fotografía del autor:
Emmy Tomasita Durán Mora

Quirós, Arnoldo
Al olvido llama el puerto / Arnoldo Quirós. 1a edi-- New York: Nueva York Poetry Press, 2020, 120 pp. 5.25" x 8".

1. Poesía costarricense. 2. Poesía latinoamericana.

Todos los derechos reservados. Esta publicación no puede ser reproducida, ni en todo ni en parte, ni registrada en o transmitida por, un sistema de recuperación de información, en electroóptico, por fotocopia, o cualquier otro, sin el permiso previo por escrito de la editorial, excepto en casos de citación breve en reseñas críticas y otros usos no comerciales permitidos por la ley de derechos de autor. Para solicitar permiso, contacte a la editora por correo electrónico: nuevayork.poetrypress@gmail.com

Conversación con Dios

Hoy vine a conversar con Dios
y lo encontré donde siempre me espera.
En el jardín de mi casa donde tantas veces
miré a mi padre esperar la primavera,
donde mi madre sonreía entre las flores
y mi hermana adornaba con sonrisas y caricias
ramos de ensueños entre enredaderas.
Vine a preguntar por qué mi Lucia
no conoció a su abuelo.
Porque solo puedo verla en el celaje azul de la noche,
cabalgando su unicornio entre las estrellas,
adornando con guirnaldas los cabellos de la luna.
Vine a preguntar qué me espera en la alborada,
qué se oculta tras el horizonte,
qué buena nueva me augura el sol de la mañana.
Pero Dios está en silencio, sin responder mi llamado,
con su vista en el seto de flores doradas,
dibujando corazones entre zarcillos enamorados.

El patio de mi casa

Me gusta el cielo de mi casa,
reflejado en el girasol amarillo
que entorna sus pétalos al calor que lo acaricia.
Me gusta el prado verde, recortado,
las azaleas confundidas
entre el revoloteo de alas de mariposa,
Las magnolias de cáliz vivaz con ternura de alabastro,
cantando alabanzas al viento que rocía sus mejillas.
Me gusta la gallardía de los anturios
con sus tallos encendiendo ilusiones.
Me gusta el patio de mi casa
con la luna cepillando su cabellera
en el espejo de agua al amanecer.
Me gusta el cacareo de las gallinas, el silbido de la ardilla,
mi perro saltando con pasión, tras su pelota.
Me gusta dormitar entre sus hojas
y soñar que soy de él.

EL CORREDOR

Hace tiempo el corredor de la casa fue mío.
Ahora pertenece a Dios.
Ese corredor tiene mi sangre, mi aroma,
esencia de tiempos
que grabaron historias de vida.
Ese corredor tiene color de cielo, de aire,
luces y noches de melancolía
que cuelgan racimos de flores amarillas
sobre el árbol donde la veranera teje fantasías.
La vieja banca abraza hilachas de brisa,
agradece rayos de sol que calientan nidos
en el alfeizar de la ventana
y con descaro asoman en el horcón.
No me pertenece la aurora, ni el lamento de la cigarra.
Tampoco me pertenece el alma
porque es eco del pasado, es otra realidad.
No es mía esta piel aferrada entre huesos irritados,
poseídos por susurros de amores frustrados.
Solo pertenece a mi tiempo el olor de las caricias,
el eco de las risas, el sabor de los besos,
la dignidad maltrecha y el orgullo mancillado,
que anheló ser feliz en sus días.

LA BANCA

Aunque la banca no sea mía,
me siento a soñar
el recuerdo que huele a rosas, a cerezas en almíbar.
Aunque el alma tampoco me pertenece,
me gusta creer que aún es mía
y disfruto mirándola correr entre flores,
bailar entre las estrellas y cuido su sueño de día.
Me gusta mirar el paso de las horas
el color del cielo, la calidez del agua en el estanque,
sentado en la banca me gusta saborear el pasado
con sabores de infancia,
de rayos de sol, de rubor de caléndulas
y zumos de azahar.
Me gusta mirar el paso de la vida en la vieja banca,
aunque ni banca, ni corredor, ni alma
pertenezcan a mi vida.

En el mundo

Cada poeta acaricia su mundo musitando poemas,
y en cada poema vive su amor con versos
que sonríen entre colores de cielo roto.
Cada porta danza en burbujas y besa hilachas de sol;
se duele desgarrando el día.
El mundo del poeta no es de maravillas,
con cadencia inmersa.
El poeta sueña la magnificencia
de las torres de Bagdad,
el susurro de mosquitos en Macondo y su soledad.
El mundo del poeta es el jardín de casa
con sus colores, sus aromas
y sonidos de insectos.
Neruda amó a su Sebastiana.
La soñó con sus puertas abiertas
y su maderamen expuesto al sol.
La soñó de un azul profundo,
como lo vivió el viejo pescador
que pasó su vida tejiendo quimeras en su isla azul,
como las quimeras que tejió el caminante
en su bosque de cañaverales, entre garzas blancas,
armadillos de fuego y anhelos de libertad.
El rey Salomón amó a su Samanita
    "de mechones dorados y ojos de paloma",
y por el Cocibolca la brisa inundó de amor la tarde
cuando el bardo lanzó al aire su canto...
    "Margarita, está linda la mar
    y el viento trae esencias de azahar"

y desde la otra orilla se escuchó
un lamento entre espumas y caracolas
y "Alfonsina se durmió en la mar".

PALABRAS

Bajo la sombra extiende su calma la tarde
hasta las olas que juguetean con la arena
avivando murmullos del silencio que arrullan caracolas.
Las horas cesaron su caminar y el tiempo se detuvo
cuando la tarde abrazó la paz,
cuando la tarde anuló ansiedades,
desasosiegos del pasado que se fueron,
las lluvias del futuro
y este presente que se escurre por los dedos,
como gotas de agua que regresan a la mar.
En la paz de la tarde las palabras procrearon semillas
que vagarán por veredas
y caerán en alfombras de musgo.
Habrán de saborear el placer de muchas bocas
arropadas de polvo,
navegantes sobre agua que brota de la clepsidra
y marca el ritmo del tiempo.
Serán llevadas para germinar y esparcir su aroma,
para ser saboreadas como vino añejo.
Esa tarde las palabras fueron semillas,
los versos echaron raíces.
El fruto se abre.

Colores

Si pudiera mirar con el corazón
conocería los colores del paraíso
y acariciaría con las yemas de los dedos
la ternura del nido que da calor al pajarillo.
Los miraría en la arena del rio,
en el agua de los arroyuelos, o en las arrugas
que embellecen la piel de mi amada.
Buscaría colores en la música de la tarde,
bajo la lluvia que toca mi cara,
entre las flores del jardín o en las sombras
de la noche que me estremecen.

IGUALES

Somos diferentes porque el pintor
cambio el pincel, la paleta y los trazos,
pero nacimos de los mismos manantiales.
Compartimos aire, sol, la luna y el alma,
vestimos pieles cobrizas, blancas, negras
o amarillas para abrigarnos,
para soportar inclemencias y cubrir desnudeces.
La vida nos cubrió con colores
para disimular nuestro tiempo,
como disfraces para diferenciar los ruidos,
pero por dentro vestimos amor, ternura,
incitando pasiones sin tiempo.

Nostalgia

Se regocija el pintor con su pincel derrochando
colores que emulan auroras, brillos de sol y de estrellas,
fulgores de arcoíris y niebla en tardes de verano.
Y oculta discreto el sepia en su paleta, en paciente espera,
para recrear rubores del otoño
y acompañar el vuelo postrero
de las hojas madreselva que dicen adiós.
Privilegia la túnica de luz de las arenas,
aunque sepia es también color de rostros
curtidos por el sol, la tierra y la sal de la vida.
Es color de campesinos sudorosos,
de niños, hombres y mujeres sedientos,
como el color de las familias que miran desde la fotografía
añeja de la sala, derrochando su paz.

Y DIOS DIJO

"Crearé las nubes y parirán agua bendita
que habrá de saciar la sed de los campos
y alimentar los tiempos de esperanza.
Crearé el viento y con su aliento
esparciré sutiles aromas para perfumar
llanos, laderas y barrancos.
Crearé tierra fértil con vida en sus entrañas,
crearé al hombre con la conciencia de los tiempos,
y el hombre fertilizará los campos moldeando surcos
con los dedos entre el barro fresco
y plantará la semilla, amando el suelo,
y entre nubes, lluvias y viento,
preñará la tierra.

COMO SANGRE QUE IRRIGA MI CUERPO

Quisiera sentir aroma de tierra en mi silencio,
su calor incrustándose entre el sopor de las venas
como sangre que irriga mi cuerpo.
Quisiera comulgar con el sol
que acaricia las alas del sombrero,
que se acuesta entre piedras
para saborear tallos de hierba.
Quisiera introducir los sentidos entre la tierra revuelta
y conectarme a su realidad.
Ser arado para copular con ella,
ser buey para amar su frescura al caminar por el surco,
ser semilla para renacer en su vientre,
y ser hoz para segar los frutos que generosa ofrece.
Quisiera ser luz de luna para bañar de poesía la cosecha,
beso de sol para anidar entre corolas,
lluvia para confundirme entre lágrimas con los demás.
Quisiera ser más humano.

QUIERO

Quisiera escribir versos
que apacigüen tormentos en noches difusas,
tejer maravilla con pensamientos entre nubes
que sonríen desde lejos,
Quiero cantar entre piedras
acompañando el silbido del viento,
escuchar la risa del musgo estremecida
cuando el agua se desliza entre sus dedos.
Quiero abrigarme en el surco,
amasar con mis manos fantasías de maíz
para procrear la cosecha,
dormir en el suelo para moldear pensamientos con arcilla,
para sentir en mis sueños las caricias de la vida.
Quiero abandonarme al viento

TIERRA MÍA

Te veo dormida, soñando crepúsculos en arrabales,
asfixiada en pantanos macilentos,
manoseada por febres que guardan
tierra sucia y barro con inmundicia humana.
Te veo dormida, soñando aires de glorias
que se anquilosaron en tiempos pasados,
como hiedras retorciendo recuerdos
entre sarcillos de enredaderas con espinas
que pululan pintando sombras en calicanto
y cercenan la memoria de la historia.
Destilando sopor en el calendario,
te miro estremecida en tu sueño,
soportando agresiones y quebrantos,
avasallada por ultrajes de hordas invasoras
que hoy mancillan tus planicies y valles,
desangrando el pasado que forjaron nuestros padres,
pretendiendo imponer ideas nuevas,
validar licencias para el ultraje,
pretendiendo ocultar la historia
para dar rienda suelta a la dominación inhumana.
Te veo dormida, tierra querida,
y temo dormirme en tu sueño,
sin abrir los ojos.

No más tumbas sin nombre

Es triste mirar túmulos con fosas sin nombre,
donde descansan hermanos que un día tuvieron rostro,
lápidas con epitafios no escritos
que se desmoronan recordando seres que partieron
sin una plegaria que acompañara su camino,
sin un beso en la frente, sin un adiós susurrado al oído.
Tumbas que yacen solitarias al vaivén del viento,
que a veces canta susurrándoles alivio,
y otras veces clama desgarrándose el alma por el olvido.
Tumbas que albergan seres de luz sin recuerdos,
sin nombre, sin alabanzas y sin cariño.
Que no existan más tumbas con inquilinos perdidos,
para no escuchar lamentos de madres y ancianas
que no quieren más nombres amados sin tumba,
o tumbas queridas sin rostro,
o ecos afligidos resonando en los pantanos,
o cadáveres flotando en océanos putrefactos
donde inmigrantes perdieron los sueños
sin conocer su gloria.
Que siempre exista una tumba donde plantar un geranio,
una lápida para escribir un adiós de historia,
para recordarle a la muerte los nombres
de quienes la abrazan dormidos.

OSCURIDAD

No quiero dar tumbos entre veredas sin salidas,
encerrado en laberintos de sombras
buscando puertas que no existen.
No quiero esperar a que se ilumine la oscuridad,
para dar salida a los demonios
que tengo aferrados a la osamenta,
sujetando los arcos de mis costillas,
negándose a liberar pergaminos de lastre
que se mantienen cautivos
entre ataduras de hiedra,
entre espinas de enredaderas
con las que tropecé en el andar errante
vestido de soledad, ataviado de sarcasmos.
No quiero sofocarme en la ironía para
lanzar al aire demonios hirientes.

ROSTRO HUMANO

Quisiera encender una vela sin maldecir la obscuridad,
sin escuchar ecos de rencores, de odios,
ni escuchar odas a la intolerancia.
Quiero cantar a la belleza, a la amistad.
Disfrutar el amor sin mirar el lado obscuro
del rostro humano,
sin percibir hedores de guerras.

EN LA ARENA

Fluyen las manos en el aire
dejando estelas en el infinito,
como huellas en arenas
que habrán de borrar los vientos.
Arenas en las que quisiera reposar mi cuerpo,
pero no puedo,
porque transito lento en el silencio,
sin respuestas,
y el alma duda en la encrucijada.
Quisiera escuchar desde la conciencia del hermano,
bajar del cielo su arcoíris
para bordar con sus colores un tapiz sobre mi mano,
quisiera mirar rayos de sol naciendo cada mañana,
saborear olores de azahar que se filtran por las ventanas,
enamorar corolas de rosas que suspiran,
y escuchar el canto del sinzonte saludando la esperanza.
Quisiera, pero no puedo,
porque la vida continua sin rumbo
en el vacío.

VIENTO

Viento del sur, viento del este.
Viento de todos los tiempos que arrastras pecados
como espigas de trigo en inconcluso silencio.
Viento que te has de llevar
el llanto, las palabras crudas,
lágrimas furtivas y desengaños.
Viento que todo lo puedes,
que haces temblar bosques enteros
o como aroma de té alegras ambientes.
Arrulla en tu seno el pétalo de la rosa,
el bebé en el tibio vientre,
la canción de cuna que aún no nace.
Borra la maldad, el odio, la adversidad banal.
Arrulla con suave brisa
la paz del ave en su nido,
el latir del corazón que palpita,
clamando al cielo por felicidad.

AMANECER

La generación de oro perdió la batalla
cuando al día lo opacó la noche con dudas y sombras
y sábanas blancas cubrieron cuerpos de cabezas canas.
La humanidad miró, callada, clamando por ayuda divina,
clama para que Dios recupere la conciencia,
sin darse cuenta que la plaga cubrió la vida
para limpiarla de ultrajes,
para recuperar conciencias perdidas,
para limpiar de impurezas el aire,
para sujetarnos de las manos y cantar canciones de cuna,
como lo hacía la abuela mirando sus anafres,
para recordar el amor que se debe a los padres
y agradecer a los mayores sus enseñanzas,
para cuidarnos el cuerpo y su entorno
que de Dios es semejanza.

La nueva vida

Cuándo brillará la vida en nuestros pueblos abandonados
y sonreirá la alegría en plazas, en parques,
en las calles desoladas,
para inundar nuestros corazones con alegría,
fe y esperanza.
Cuándo llegará ese día en que nos abandone el llanto
y a nuestro rostro asomen sonrisas de ilusiones.
Qué pasará cuando la vida recorra nuestros campos
y los mire abandonados, asolados por la peste
que nos ha recluido en nuestros aposentos.
Qué pensará cuando no escuche
el paso lento de los ancianos,
ni sienta el chirriar de columpios en parques abandonados
porque no hay niños jugando.
Sabrá la vida nueva que la estamos esperando,
que ansiamos mirarla llegar entre las jacarandas,
para aplaudir con ella el final de este tiempo
de dolor y espanto.
Creerá que la estamos esperando cuando escuche el llanto
de aquel que perdió el trabajo,
de aquel que sepultó a la abuela
y hoy la sique extrañando.
Sabrá la vida nueva
que el Covid nos ha quitado la pasión del beso,
nos ha prohibido el calor de los abrazos
nos alejó de los seres queridos por temor a contagiarlos.
Sabrá que la estamos esperando
para mirar entre sus ojos florecer los campos,

para mirar el renacer de la esperanza,
para bailar en luna llena agarrados de la mano
bajo el manto bendito de las estrellas y los naranjos.

QUIERO VERTE, PRIMAVERA

Quisiera verte, primavera, para bendecir los rayos de sol
que se filtran en la enramada,
el cariño en el abrazo de los hermanos,
la ternura en el beso de los amantes
y la paz de las estrellas iluminando el firmamento.
Quiero verte para olvidar mantos de sombras,
lamentos que enlutaron noches de otoño,
que ensombrecieron las horas y desquiciaron la razón.
Quiero verte, primavera,
para disfrutar el final del aislamiento,
el ocaso de la tempestad que ha enlutado mis días,
que se ha llevado a mis viejos, a mis amigos
y ha cubierto con lúgubres mortajas pueblos y ciudades,
para obligarlos a gemir con desesperación,
implorando al señor de la misericordia
que libre de tanto mal.
Quiero verte, primavera, para celebrar
el fin de la tempestad,
para disfrutar el beso en las mejillas,
para tender la mano al humilde, al menesteroso,
para reconocer a Dios en orfanatos y hospitales,
en los mendigos que imploran caridad del cielo,
en el enfermo que yace postrado
y en los niños que sonríen desde el corazón,
Quiero verte primavera para agradecer
que al final de la tormenta me volviste más humano,
para entender que la magia de este mundo
se cobija bajo el manto del amor

Al olvido llama el puerto

Carta para Emma

Querida Tomasita: en este alejamiento fortuito
al que nos ha llevado esta pandemia,
se antoja lento el transito del tiempo
o será que las horas se tornan largas,
porque en el vórtice de los sueños,
el pensamiento avanza desbocado,
con demasiada prisa en su continua sucesión de ideas,
como desfile infinito de luces, de espacios,
de sombras y espirales
que no acaban porque se deslizan
entre aciertos y vacilaciones,
como si estuvieran aferrados al canto
de las monedas de la suerte,
que resplandecen entre crepúsculos y arcoíris dormidos,
al ritmo de elegías de cigarras,
de alabanzas de luciérnagas
que acarician con sus luces los sueños de la noche.
A pesar del aislamiento y la lejanía
continua viva la esperanza en el amor
que es fuerte como diamante
que labra su morada entre piedras profundas,
y es frágil como espuma
que cabalga olas para lanzar al infinito su esencia,
al saborear el beso de la brisa que la enamora.
Es frágil y poderoso, fuerte y sensible,
como alegoría de telaraña,
que mantiene cautivos los recuerdos
que sueñan reunirse algún mañana.

APARECIÓ EN LA NADA

Apareció en el vórtice de la nada,
sumergido en espirales de oscura soledad.
Era un hombre llamado tiempo.
Eran esferas de luz entrechocando,
eran jirones de esencia revoloteando
entre arenas de clepsidras
sin rumbo en la inmensidad.
Era un hombre llamado tiempo,
era el tiempo del hombre inmortal,
que cabalga en las olas incitando la furia del mar
o sume sus sueños en fumarolas
regurgitando barro rebelde que alienta libertad.
Era el tiempo doblegando al hombre
en sus sueños de inmortalidad.

INCERTIDUMBRE

He perdido el camino
y en la senda encontré al mendigo,
doblegado por el frio entre sus huesos
apenas vestidos de piel,
con una manta en sus hombros
y reflejos de esperanza en la mirada.
En sus labios la vida solloza,
pero en su corazón cánticos de amor,
de alabanza, recitan glorias por el día que partía.
Siento que he perdido la gracia y camino el sendero
sin divisar el rumbo prometido,
naufrago en el torrente que brotó de las entrañas
para acabar en la fosa que excavó el minero.
Miro la noche oscura.
Sufro el lento final de la jornada,
sin descifrar si el amanecer será una promesa
de buenaventura, o una tortura desquiciada.
Vive con dolor el corazón;
con angustia en el inconsciente,
con la mirada perdida en el más allá,
donde no anidan las golondrinas
y la soledad es eterna compañera.

INDIGENTE

Entre bocanadas de humo ascienden
las plegarias del valle a la montaña,
simulando manos que se elevan al cielo
para presentar ofrendas con olor a pan,
a leña fresca, a levaduras, a ternura de hogar.
En el campanario los bronces liberan su canto,
y vestido de harapos el mendigo:
musita herejías en la niebla,
con frío entre los huesos desnudos,
clamando recibir consuelo.
Es una suerte de abandono al llanto.
¡Es una oda a la tristeza!
Su figura rezuma auras de desesperanza,
con escoria cubriendo su pelo
con barro abrigando sus harapos,
como queriendo cubrir la vergüenza
de deambular por las calles.
En la soledad de su mente giran recuerdos
avivando tribulaciones y demonios errantes.
Con amor su perro le acaricia
y se acurruca entre las hilachas al caer la tarde
para lamer las heridas de los pies cansados,
dándole esperanza en un mañana
en que podrá encontrar al ser amado
que en algún lugar dejó en el olvido.

INCONSCIENTE

Pasan los días contando vocales en el abecedario,
tarareando sonidos ocultos entre oquedades,
resonando como resuenan redobles de tamborileros
con reos rumbo al cadalso,
donde espera la celda oscura
o mantos vestidos con sangre
por piedad clamando.
Pasan las noches sombrías recitando letanías
por animas que se asoman por las veredas del rio,
por animas que cargan llamas
entre huesos ocultos en sus ropajes,
como saltimbanquis ataviados de antorchas en la tarde.
Pasa la vida tamborileando los dedos
en maderas blandas de pupitres de infancia,
o en oratorios poblados de canas blancas,
buscando sanar heridas que sufrió el ayer
en su afán de alcanzar la gloria,
como si el éxtasis de la gloria
fuera la manzana de la discordia.
Pasan los días ocultándose de las noches
como pasan las conciencias supurando herencias amargas
por heridas abiertas que ocultaron la piedad del alma.

SILENCIO DE LA NOCHE

En la vastedad de la noche prima el silencio,
como si la noche fuera primigenia.
Murmura cantos que no comprendo,
estrofas con notas inconclusas entre espirales de viento,
donde se confunden los arabescos.
Los sentidos en la brisa vibran,
como si danzaran entre bacanales
impregnados de coco y almendro fresco,
como si la noche quisiera lavarse las manos
con los susurros de lo oscuro.
Suspira el silencio en la hoja que sacude el viento,
murmura en la gota de agua que cabalga el rocio
mientras cuelgan estrellas en la telaraña
que el azar ha tejido.
Suena la noche en los cursos de agua que en la penumbra
apilan guijarros en el lecho dormido del rio,
en el ronco acento de las ranas,
en el tremor de la gota de agua.
Entre los cánticos de la noche
el silencio entona su melodía,
pregonando la visión de un mundo nuevo, sin angustias,
sin oprimidos ni opresores,
sin vorágines sangrientas consumiendo vidas,
sin intolerancias ávidas de ingratas memorias,
Se escucha la voz del silencio en las alas de los abejorros,
en las reflexiones del búho que desde su nido sueña,
y en las vibraciones del corazón
de los gorriones que duermen en su nido.

Se vive la vida nueva en la estela
que dibujan las luciérnagas
recogiendo pedacitos de luna entre las sombras,
simulando halos de paz para repartir entre los humanos.

CON EL ALMA ROTA

Cantos de pájaros disipan penumbras del amanecer,
para despertar la luz de un sol que apenas calienta,
para armonizar melodías
que rompen suavemente con las olas
y acarician la soledad de los troncos dormidos en la arena.
Con paso vacilante, con sueños de pesca a cuestas,
repasa el pescador las huellas de su vida entre la hojarasca,
absorto en la voz de las olas y su monótona letanía.
En su mente el clamor de la mujer acompaña la mañana
en su reclamo a la vida, que le ha robado su existencia,
que le ha roto el culo, que le ha destrozado las ilusiones,
aunque la mañana sonríe y siente
que lo que la vida ha roto ha sido el alma de la mujer.
El mar ruge, su calma y la lluvia asoma a lo lejos,
como torbellinos en la resaca de las olas
simulando pecados que se han ido
con las sombras de la noche y ansían regresar.
El viejo recoge sus pensamientos de la mar
revueltos entre el sedal y la arena
para deshacer el camino de la mañana
con las manos vacías, con su morral rebozando ilusiones.
Los peces no mordieron el señuelo.
La mar está sin vida y el pescador solloza
porque el mar también tiene el alma rota.

LÁGRIMAS

No hagas caso a estas lágrimas
porque son reflejos de nieblas
que enmudecieron,
como perlas cautivas de recuerdos,
que expían culpas y desdenes,
o nacen entre sonrojos para saborear placeres.
No hagas caso de mis lágrimas,
Son solo simientes
que habrán de germinar en un mañana,
o como epílogos de tristezas desangrarán el alma.
No hagas caso de estas lágrimas que
expían culpas añejas, pecados banales
que recrean vergüenzas y aspiran al anochecer sereno.
No hagas caso de estas lágrimas que brotan a raudales.
Solo son retazos de cielo que he guardado
y vierto al ocaso para redimir esta pena cruel que asesina,

VIVIR EN PAZ

> Caminante no hay camino,
> se hace camino al andar.
>
> ANTONIO MACHADO

Quiero vagar por los caminos de la vida,
llevado por los rizos del viento.
abandonando lamentos, evitando coronas de espinas.
Alejado del dolor, del sufrimiento.
Impregnar el espíritu de nostalgias sublimes;
despojarme de atavismos entre adoquines graciosos,
bordeando sendas floridas, senderos luminosos de paz.
Con la luz de las luciérnagas leer poemas de amor,
suspirar con la melancolía de la luna,
sonreír con la gracia del arco iris
que acaricia al manatí en su hogar.
Quiero del anciano aprender su fe,
del niño su risa, de la mujer su valor,
del confeso, del delincuente, del impío;
también del pecador quiero aprender.
Extasiarme con el fulgor de la esmeralda que titila,
saborear de la huerta su candor,
agradecerte, madre tierra, tu gracia.
Quiero paz.

ARBOLEDA DE PAZ

Si pudiera,
abriría las venas de esta tierra para drenar
en sus zanjas expuestas el odio y la maldad.
Deshojaría la trama de la injusticia,
aprisionándola en redes de equidad.
Si pudiera,
impregnaría con espumas de felicidad
las aguas de los océanos
para clarificar la conciencia de las almas.
Si pudiera,
entre las venas abiertas de la macilenta tierra,
germinaría semillas de justicia, de cordura, de alegría sana.
Plantaría optimismo en las yermas praderas,
irrigándolas con flores,
insertaría esperanza en tupidas hileras,
bordando arboledas de paz.

QUÉ SERÁ DE MÍ

Qué será de mí en la arena, mirando el sendero
por donde se alejó la primavera,
dando paso al otoño que se obstina en sujetar
sarcillos entre esquirlas que brotan de huesos vencidos,
como redes apresando artilugios en la nada,
como membranas que asfixian vida,
o lazos anudando calaveras para acallar voces impías.

Que será del mundo cuando calle la última plegaria,
cuando doblen las campanas anunciando el ocaso
del alma en pena, que vaga mirando el pasado,
vencido y sin luz en la mirada.

ÁNGELUS DEL MEDIODÍA

Al resonar notas del ángelus en el sopor del mediodía,
bronces entre cuencos dorados claman
agobiando conciencias que se agolpan en el cenit,
disipando nieblas que ocultan aguas de arroyuelos,
sosteniendo temores en cúpulas de campanarios,
embriagando ilusiones al caer la tarde.
Al sonar de campanas las conciencias se agitan,
y caricias de brisa amortiguan el dolor de la caída,
del murmullo que silencia el grito
y adormece el inconsciente.
El ángelus se esparce como sangre nueva
abrazando amores, festejando cariños,
besando silencios que adormecen dolores
de un pasado que no existe.

AL OLVIDO LLAMA EL PUERTO

Tengo tanto que preguntarle a la vida.
Preguntar por el sol, por el campanario
que no cesa de cantar el Ave María
por el grano de arena que busca cubrirse de gloria,
yaciendo en ostras que murmuran quimeras.
Por las gotas de roció
que tiemblan en el pétalo de una rosa,
por los rizos del sol que tienen sabor a miel
y embriagan dulcemente mi boca.
Tanto tengo que preguntar
que la vida no alcanza y los ojos duelen sin llorar.
Ataviado de oscuridad, al olvido llama el puerto,
y en la pila bautismal el agua esboza un suspiro,
que la eleva por encima de conciencias dormidas,
de manos enlazadas, ofreciendo oraciones
que imploran por el más allá,
ungidas como volutas de humo
que escapan del incensario,
como gotas de agua bendita salpicando féretros dorados,
santificando palabras sin sentido,
insinuaciones burdas de salmos equívocos,
de verdades dichas a medias ocultando la realidad.
El puerto gime
y la carcasa del viejo navío sufre su soledad,
mientras el agua lame las heridas del maderamen.
En lo alto del campanario las aves mortuorias
miran el tránsito lento de la procesión del silencio
precediendo al santo entierro, las losas frías y el más allá.

Tengo tanto que peguntarle a la vida
pero el tiempo se envuelve en su soledad.

AL CAER LA TARDE

El ocaso balancea su aureola acompañando la soledad
del viejo maderamen que se mece al vaivén de las olas,
anidando recuerdos entre corales y escamas doradas,
haciendo renacer ansiedades del pasado.
Fue la tarde soñando de cara a las estrellas
que hizo sonreír el cielo,
que encrespó las olas, que eclipsó la arena
y embriagó al marino en su pasión.
Como tu recuerdo la noche aquella,
soñando con el mar bravío,
con ojos mirando estrellas,
viajando hacia el horizonte.

ÁNGELUS DE MEDIANOCHE

Desde el campanario, las notas del ángelus
transpiran ecos de almas en el silencio
que avanzan arrastrando escapularios,
en sumiso trasiego de oraciones fingidas.
Recorre la vereda el caminante,
pisando huellas desfallecidas,
sin mirar al frente, agobiado por heridas
que retuercen entrañas.
Más allá del horizonte un pañuelo enjuga lágrimas
en surcos de caras agrietada, y cantos de perros insinúan
fantasmas de almas en pena sin umbral en la eternidad.
Una hilera de hormigas busca su destino en la oscuridad,
revolviendo entre las heridas de sus patas sopor de hastío,
dolor de guijarros del camino y siseo punzante de espinas.
Entre sombras de sonidos tristes y nieblas fugaces,
canta las doce el campanario,
señalando el ocaso de las horas que han partido a su final.
El Ángelus da su adiós al día que muere,
saluda la aurora que inicia su peregrinar.
El pañuelo sacude estertores de agonía aferrados
al roció de lágrimas que caen al polvoriento camino
donde el destino les ha escrito su final.
El ángelus despide la soledad.

CONCIENCIA

Este pasado semeja cúmulos de conciencias
que han aglutinado alegrías y sinsabores,
añejando fantasías de ilusiones
entre torrentes de vida,
entre paroxismos de lujurias acalladas
con ribetes de amores prohibidos,
dejando en el fondo de los ocasos lastre de dolores
ahogados en lágrimas de amargura, de soledad.
Dejando gritos silenciosos en la lasitud de los tiempos,
en las heridas que carcomieron el alma expuestas
a los avatares de los fuegos de purificación.
En las tinieblas de la noche las sombras rodean la cruz
y en su claridad expongo culpas para paliar el dolor.
Escucho murmullos de paz
que brotan de labios maltratados
y tiemblo al recordar acciones al borde del abismo
sin atreverme siquiera a implorar perdón.

LA JUVENTUD SE FUE

Sin darse cuenta la vida rompió el espejo
donde atesoraba instantes de su memoria,
recuerdos de su pasado, quedando entre los retazos,
remembranzas de infancia entre fisuras dolidas,
mientras la inocencia busca encontrar sentido,
recorriendo las huellas que estampó
en senderos de ilusión.
Vidrios rotos emulan lágrimas vertiendo dolor al vacío,
como destellos dolientes empañando reflejos de cielo,
desdibujando colores en la soledad de la tarde
desvaneciendo lentamente el brío de la adolescencia,
los encantos de la tarde aquella donde tu corazón fue mío
y los sentidos tiñeron de purpura el cielo,
entre celajes que bordaban tu falda
para disimular su sonrojo opacando la razón.
Entre ese arabesco de vidrios rotos, la juventud se fue
embriagada por mieles de avatares,
venciendo fangos, lamentos en adversidades,
sumiéndose sin apenas notarlo en la adultez,
donde la historia no está grabada
porque la vida duda de su final.

EL OLVIDO MATA

Es la tarde ya.
En el ocaso los rayos visten el rojo naranja
de un sol adormilado que se niega a descansar,
el cielo se encapota y el denso gris de las nubes
se apodera del crepúsculo ocultando las estrellas.
Las oropéndolas balancean sus nidos
cuando los pájaros de la noche inician su caminar
entre sombras que pintan de azul el camino de la luna.
El puerto está lejano y entre rumor de olas
gimen maderas moribundas.
La distancia se pierde en el ocaso
y la ausencia envuelve el olvido
por donde ha de transitar la tarde,
que se aferra a una telaraña vacía
en el rincón del cuarto olvidado.
El olvido cae hasta el suelo
como racimo de hojas marchitas
que cuelgan adoloridas,
como manos que claman desde el purgatorio,
que huyen del infierno de una vida vacía,
que anhelan llegar a un cielo que las desdeña.
La ausencia duele, pero el olvido mata.

EN LA NOCHE

Las oropéndolas tejen cunas con pajas nuevas
donde las mece el viento,
donde la brisa les brinda arrullo.
Los perros ladran corriendo tras su cola,
en el silencio de las sombras
despertando ánimas en pena que trafican
recuerdos ocultos en el manto de la noche
para que su aura no los vea llorar
en por los amores en olvido.

En la barra de la cantina, el rasgueo de la guitarra
irrumpe la meditación del bohemio cuando
un gemido fantasea por la ventana abierta
y la noche se inunda con aroma a sexo fresco

HORAS VACÍAS

Sentado frente al espejo contemplo
el tránsito lento de las horas que retornan al pasado.
Horas que nacieron con aureolas de alegría,
con címbalos y cascabeles acompañando su cadencia,
con ansias de júbilo que lentamente se tornaron
en desencanto ante los desaires de la vida,
hasta perderse entre brumas de indiferencia.
Caen con desgano al fondo del abismo vacío
y puedo sentir su nostalgia,
puedo palpar su tristeza
y ni mis poemas iluminan su sonrisa,
porque en el fondo del espejo el pasado está sellado.
La esperanza yace en su ánfora vacía
sin poder mirar más que sombras en la nada.

TURBACIÓN

Llega a puerto la mar bañada en olas de ansiedad,
de recuerdos, de esperanzas y quizá ramitos de soledad.
Las aguas suspiran ilusiones, gozos,
y el silencio bullicioso de las anémonas
armoniza el ritual de la soledad.
Será que existo en las sombras
o las sombras habitan mi ser,
o mi corazón aturde con sus latidos
la canción del mar,
el silencio de las olas y el compás del viento.
Seré quien vive en las olas soñando la felicidad,
acariciando sueños de caracolas,
pintando celajes en la arena
y besando la espuma que ríe al llegar.
¿Será que existe la mar?

LETRAS DEL CAMINO

Los caminos de la esperanza están construidos
con letras endebles, imitando briznas de hierbas
trenzadas en el orgullo de hombres de barro que soñaron
buenaventuras en el horizonte de la mañana.
Guardan en sus senderos trayectos de esperanzas fallidas,
de ilusiones dolidas, de recuerdos anquilosados
en memorias perdidas entre partes desmembradas
de cuerpos que otrora fingieron tener vida,
que caminaron el camino con fe
y confiaron en la promesa de la palabra.
Tallos de hierba ardiendo en bolas de fuego
destilando penas que se ahogan condenadas
en el fango espeso de la vaguedad de la nada.
Letras que se desploman confundiendo memorias,
sensaciones vanas, paginas inertes que se calcinaron
para alfombrar el sendero que conducirá hacia el mañana.

SILENCIO PÚRPURA

Cuando las sombras se apoderan de la penumbra
el silencio purpura desafía el frio de la bruma
manchando el filo de la daga que brotó de la nada,
desangrando la noche entre pliegues del alma.
El frío hiere huesos, inhibe caricias, desdeña abrazos,
como si fuéramos muertos,
ocasos perdidos entre suplicas y desesperanzas,
musgos llorosos, fangos viejos
entre esqueletos sin narices, resollantes.
Aromas a incienso acompañan hedor de lamentos
y ha quedado mudo el eco en el vacío de huesos.
Trepidando entre cráneos con epitafios rasgados,
calaveras que arañaron lapidas frías y losas polvorientas,
lamentando la soledad del abandono,
el desconsuelo de su presente.
El silencio que ronda la noche recuerda
que no es al miedo a lo que se teme
cuando las sombras se tornan oscuras.
No hay recuerdos divagando en la mente
porque la mente se olvidó de sus recuerdos.
Atrás quedaron incensarios vegetando
en el frio de la obsolescencia
y las oraciones en la soledad de la noche
callaron su pedido de clemencia.

VERSOS ITINERANTES

La soledad hiere tiempos idos,
pasados que pisan arenas.
Emana sudor trasnochado que ha dormido su cansancio
aferrado a costuras roídas de algún chaleco en hilachas.
Es sal de lágrimas que irrigaron campos,
adoloridas en su travesía,
cansadas de esperar bienaventuranzas,
mirando el horizonte de un porvenir
que se obstina en alejarse tras la fetidez de las brumas
que ensombrecen sentimientos.
Soledad es sangre
que muere lentamente a cada paso del camino,
desgarrando almas a jirones,
dejando tras de la huella recuerdos,
fantasías y penumbras.
Soledad es cansancio que exaspera el alma.
Es creer que en lo vivido por una extraña maldad
la felicidad corrió alejándose del entorno
para dejar sin sentido la calma y la bondad.
Acciones denigrantes que hieren el alma,
flagelan espíritus
y nublan la fe en algún mañana.

Vida extraña

Esta vida es extraña.
Un pájaro anida sobre la rama
y la lluvia barre la huella de la sandalia del pescador,
cuando la nube gris se abraza con el viento
y el sol besa el amanecer.
Llueven caricias del cielo envolviendo lágrimas de sal,
matizando arrullos, soñando con la paz del creador.
Llueven nostalgias del cielo en el sopor del adiós,
simulando alas de castañuelas,
desdeñando celos de amor,
doblegando entre las entrañas
la fuga del grosero adiós.

Ritual de la mañana

La canasta que cuelga sobre el hogar
no exhibe fragancia de aromas de pan
y las paredes de argamasa
bostezan abrigando los hornos.
Resienten el frío de la mañana.
La levadura no ha comenzado su danza
sobre la mesa enharinada
porque el panadero no amasó.
Tampoco danzan ramilletes de uvas entre las parras
y los pámpanos intentan disimular la zozobra
sujetándose torpemente de hilachas de brisa
que arrullan las corolas de flores
y asoman su cara al amanecer.
El aceite no libera su aroma,
no sudan las barricas de arcilla cobriza.
Están colocadas al azar, sin orden sobre el duro suelo
que tampoco exhala olor a tierra bendita.
Los olivos sin fruto miran caer las horas.
¡Cómo se miran caer parpados de dioses dormidos!
Es temprano aún.
El aroma del café no inicia su ritual de la mañana.

LAS CAMPANAS DE SAN VITO

No hay trigo,
tampoco pasas.
No hay uvas y la miel hace tiempo rodó por el suelo.
El climaterio envejeció la piel
y de huesos porosos cuelgan andrajos
que simulan ya no ser.
La noche ensombreció el otoño
y huellas cansadas se sumergen entre sombras
de recuerdos que evocan el ayer,
en medio del crujir de hojarascas
que abrigan la tierra del invierno cruel.
¿Por quién doblan las campanas,
si la tarde se esconde entre celajes vestidos de gris?
¿Porqué su ronco tañido plasma esencias
de espíritus que se doblegan,
inclinando la mirada para no ver el ala del sombrero?
¿Por quién doblan las campanas
haciendo llorar el bronce,
si en el camposanto no hay nichos
esperando la impaciencia?
¿Será que gimen en su eterno llamado a misa,
o su eco apesadumbrado presagia
un sordo llamado a duelo?

LA LOCURA

La locura no encuentra identidad.
Es como manojo de amores que encadena pasiones
y susurra al oído con fingido placer.
Es como ignorar congojas del alma, despreciar razones,
abrazar espinas sin lágrimas ni suspiros
cuando la ventisca deshoja flores,
y los pétalos derraman llanto
entre epitafios sin glorias en el Valle de los Caídos,
lloran entre conjuros de orgullo,
cubriendo lozas frías en el atrio de la Almudena,
mientras visten de luto las campanas en su Catedral.
Querrá el destino que petulancias de amores fingidos
condenen sentimientos a morar en fangosos suelos,
olvidados como todos los demás,
o que los descarnados
lleven a rastras restos con oro en los ojos
hasta dialogar con Caronte,
para ocupar sitio en el velero
y navegar en pos de la eternidad
en busca de reposar su luz en la otra orilla,
vagando entre seres sin cuerpo, olvidado en el infinito
mientras reencuentra almas gemelas para reencarnar.

HOJA EN BLANCO

En la soledad de los sueños el poeta acaricia una hoja
para imprimir en ella letras de poesías,
para sacar del pecho inspiración que dicta el alma,
los gritos de la conciencia,
para encontrar paz y esperanza en el mañana.
Esa hoja quisiera ser
para que la vida escriba sus utopías,
para que imprima poemas,
para que cante armonías, disonancias,
llantos, o estampe sus gozos.
Para que el alma encuentre ecos
de impresiones indelebles,
huellas de conciencia entre huesos
y en el corazón que las ansía.
Para que la vida exprese en ese texto su canto
dando aire, brisa y fraternidad,
sol, luna e infinito para gozar la paz
en el brillo de la mañana,
en la tarde que se solaza,
en la noche que sueña esperanzas en el mañana.
Quisiera mirar hojas bañadas de colores,
de sueños que griten ilusiones
mirando al cielo
en silencio, en espera.

SUEÑOS EN EL ETÉREO

Noches de vagar el etéreo en umbrales de irrealidades,
de sombras que ocultan ojos que no pueden mirar,
de espinas que se incrustan en nostalgias añejas,
de palabras borrosas que huelen a hiel,
que distraen dolor de clavos
y avivan recuerdos entre mortajas.
Con paso errante el alma en pena
camina la vereda que conduce al Aqueronte,
atravesando sendas de luz,
armonizando en silencio sus cánticos.
Transita de la mano de seres que llegaron antes,
sin dejar huellas caminando la arena.
Más allá de la ribera dejó su mundo terrenal.
Anhela saborear recuerdos, quisiera recordar anhelos.
Solo vaga rodeada de esencias de cielo.

ANSIEDAD

Para cantarle a la vida abrí los ojos a este mundo.
Para paliar el dolor insondable de la muerte
en tu gracia infinita me has regalado la poesía,
me has prodigado la dulzura de amores serenos,
mas en mi paso cansino por esta ruta perenne,
solo he ansiado robar del sol su color
para bailar una dulce melodía
brillando bajo la tenue luz celestina de las estrellas.
Cantar con ellas su canción y sentir
el fuego que mana de su candor.
Vine a la vida silente.
Vine a la vida por amor.
Vine a besar tus labios frondosos,
vine para adorar la vida albergada en tu vientre.
En mi paso cansado por este mundo
he besado lágrimas que vertieron vida,
he llorado lágrimas que presagiaron dolor,
he sentido el adiós de la partida
enmarcado en el beso de tus labios en mi frente.
Vida, si a ti vine para saciar mi sed de amor,
a ti regresaré algún día
para calmar este rencor
que se anidó en mi pecho,
dejando expuesta la herida
por donde se desangró mi dolor.

ANHELOS

Ansío el poder infinito del cielo
para dialogar con la mar.
De la noche en vela sentir su calma.
De la madre tierra,
su señorío, su serenidad.
De los árboles benditos
admirar la grandeza, aprender su paz.
Emular la humildad del señorial Baobab,
fuerte, poderoso, sumiendo con altivez
su frondosa corona entre las nubes
que juguetonas sonríen,
forjando castillos con aromas de sol.
Loar el sublime olivo
que con sus tiernas raíces
abraza ásperas rocas
para amalgamar la pureza de la paz
en hilachas de aceite virgen,
rebozando manantiales de arcilla rojiza,
emulando sangre que mana del corazón.
Alabar el árbol de la vida
enclavado en el duro suelo,
hurgando la tierra fresca
que lo nutre dando amor,
manteniendo la sabiduría asida de su rama,
la pasión envolviendo celosa su tallo,
la virtud inmersa en su savia dulce,
la bondad coronando su cielo,
y en precario equilibrio el temor.

Abandonado al olvido,
suspendido entre candilejas,
en el ápice del dolor.

ALMAS DOLIDAS

Dan pena las almas que vagan prisioneras de desilusiones,
deshojándose entre gemidos
en el vacío de esperanzas olvidadas.
Llaman a duelo las campanas en el silencio,
dejando vagar lamentos de sombras heridas.
Sangra el rio en violentos remolinos, calla el bosque
y por el cauce corre sangre a borbollones
cuando el amante cierra los ojos para no mirar su duelo.
Con la arena acariciándole su espalda,
sueña el poeta su llanto,
llora en la noche soñando, sueña muriendo su canto,
muere soñando su llanto.
El musgo aferrado a las retorcidas ramas,
murmura en silencio su elegía
y en frías perlas mira partir su dolor.

DOLOR DE UNA VIDA

Desde el vano quicio, junto a la encimera,
suspira la anciana presagiando el final.
Conoció de amores, aspiró aromas de rosales,
y recostada entre tallos de trigales
suspiró al tararear baladas de felicidad.
Cantó a la vida, sonrió al amor
se embebió en burbujas de ilusión,
y la tierna crisálida que acuñó en su seno,
abrió sus alas un día y voló,
sumiéndola en desolación.
Desde la encimera contempla la anciana
el destino que la sume en decrepitud.
¡Triste otoño que minó su aurora,
que se obstinó en deshojar su vida,
arropándola con mantos de soledad!
¡Cruel invierno sin esperanza,
sin caricias, sin felicidad!
Trinan a duelo golondrinas
presagiando muerte, llorando la desolación
y en el vano quicio la anciana presiente
el final de su soledad.
Teje sin prisa y espera sonriendo al halo de luz
que desde el farol de la esquina la llama,
meciendo en sus brazos el amor bonito
al que un día se entregara,
recostada en el trigal.

EL OLVIDO MATA

Está doliendo el alma, está doliendo el olvido.
Está lacerando las sienes como cincel ponzoñoso,
como si los tiempos amados
pasaran a formar parte del hastío.
Está doliendo el alma porque no comprende
el miedo que se anidó en el nido.
No comprende cómo el tiempo pasado
encontró asidero en abismos malsanos
y destruyó el cariño aniquilando la pasión vivida.
Caricias fingidas, abrazos con muecas de dolor.
Compasión a la vida que se destrozó sin quejidos
en el silencio profundo, lastimero, pesaroso de un adiós.
Broma torva del destino
ponerte en el camino para mostrar la gloria,
para reírse sin prisa,
deleitándose en el cieno amargo de la oscuridad.
Vida, si así forjaste la historia, por qué duele tanto el alma.
Por qué se obstina el llanto amargo en aumentar la ira,
el sentimiento doliente, malsano de la frustración.
Está doliendo el alma, está sangrando el corazón.

EL PRÓXIMO VERANO

¿Qué pasará el próximo verano?
Eso no lo sé, porque no han nacido las golondrinas
que anticipan los recuerdos
y los capullos de alelí duermen sus hilos de seda.
No se vislumbra luz en el sendero,
porque las candilejas del otoño en su andar errante nublan
la visión del camino, y los ecos de la tierra
no retornan a la vereda,
por mirar la luna que se ha dormido en el encino.
¿Que será del destino?
Retornarán las noches a languidecer,
arropadas en el sopor del silencio vespertino
y la luna despertará enamorada,
plena de ilusión a la vera del camino,
o a rosa acariciará su espina y sangrará el corazón tiñendo
de rojo carmesí la blanca faz del armiño.

PROFESIÓN DE FE

Tres demonios bajaron por el cerro de la calavera,
deshaciendo la empinada cuesta
que lleva al fin de la vereda.
Visten luz de sepulcro,
alumbrando epitafios de piedra
en el fondo del abismo,
donde la miseria vaga.
La intriga, triste estigma, corrompió sentimientos,
flagelando recuerdos felices.
La maldad, miseria humana, clavó su estaca
removiendo viejas heridas, atormentando el alma ciega,
que con ojos en el cielo clama por ayuda divina.
"Ángeles y Serafines,
vengan a calmar tormentos, sean paz en el camino,
irriguen espíritus con su bálsamo preciado.
Que la pasión se tiña de fe sagrada y con su aliento
la maldad ahogue su ira en el despeñadero".
El odio, sátrapa del averno,
insertó espinas cargadas de veneno,
propiciando caos e ira,
hasta que un buen día un anciano,
con una flor en la mano, cantó sus versos
propiciando paz entre hermanos.
"Caminante habrás de hallar al villano,
pasar verás al mendigo vestido de harapos,
cubierto con guiñapos,

y aunque te encuentres tiritando por el frío,
continúa sonriendo hasta contemplar
la luz brillando al final de la jornada".

ROMANCE

I

Donde estarán nuestros cielos
que no brillan al amanecer.
Busco más allá de la montaña
con ojos dormidos, sin ver.
Acaso el infortunio
extendió la penumbra,
o la luz del nuevo día
los ha sumido en su sombra.
Será que el ocaso en ruinas
segó en su miseria la dulzura.
¡Santa María de los arenales!,
ruega compasión al alma impura.
Dónde estarán nuestros hijos
que partieron dejando tan honda herida,
buscando su propia historia
para llenarse el corazón de gloria.
¡Gloria! ¡Gloria! ¡Gloria!
Alabanzas para el nuevo día;
gloria y paz en las alturas,
luz de amor en el alma mía.
No veo el firmamento
vagando entre las estrellas,
solo un océano de soledad
enturbiando con furor la lejanía.

II

Salta el girasol amarillo
robando del sol el calor
que su corazón sencillo
un buen día embriagó el amor.
Alza el ruin su copa
brindando sin decoro
por la angustia
de los oprimidos dolientes.
Por los que un día confiaron
en la honestidad de la gente
sin saber que sus acciones
traerían dolor y muerte.
Por los clavos que con fiereza
sujetaron la mano al madero
hagamos nuestro brindis sincero
por los que pecaron de inocentes.
Brindemos de viva voz por el
bienestar perenne de los pobres,
por los que murieron hambrientos,
por los que aún gritan su lamento.

III

Ya por la ladera asoman
caballos de largas crines
montados por arcángeles,
bufones y arlequines.
Agitan espadas al viento,
desafiando elementos ruines,
que en sus cofres traen
miseria, dolor y tormento.
¡Suenen guitarras, suenen,
lancen al aire lamentos,
agiten la música del viento,
sientan el sabor de la brisa,
eleven plegarias al infinito,
rasgando sus finas cuerdas,
para sumarlas al mortuorio canto
de la cigarra que agoniza.
Viento fugaz, viento del este,
que brotas de la noria santa,
envuelve en tus rizos,
sangre sudor y muerte
que ha enlutado mi cielo,
contaminado su aroma,
trayendo rabia y desconsuelo
a enturbiar la paz del alma.

IV

Dónde estarán nuestros hijos
que dejaron tan honda herida.
Dónde estarán nuestros cielos
que no brillan al amanecer.

AL MORIR LA NOCHE

Voy a dejar que la aurora arrulle las estrellas,
que la savia renazca con el día,
que la noche duerma abrazada
con su manto de estrellas.
Voy a soñar recuerdos con placeres del ayer,
perdidos en senderos de desilusión,
abandonados en el hastío.
Voy a dejar los sueños dormitar su noche,
arrullando pasiones con ramos de tulipanes,
con listones de seda y arco iris en muros de alabastro,
entretejiendo utopías, preludios de canto y besos,
para soñar ilusiones en un futuro sereno.
Voy a dejar que la noche duerma,
para sentir de la rosa su espina,
para que el rocío perfume mi cara,
o para partir tranquilo,
cuando la fantasía se acabé.

BIENVENIDA, PRIMAVERA

El otoño está de fiesta. Celebra la lluvia de hojas
que se deshacen del tronco amado
y con piruetas alfombran el tibio suelo.
Las golondrinas abandonan su letargo
para vivir sus pasiones, su nostalgia
abrazando la luna y su manto de estrellas,
bailando el vals de las mariposas en el viento.
Sensaciones vagas rondan por la mente.
Recuerdos de sueños, de amores fingidos.
Presagios dichosos de una vida eterna.
Paseando la mirada por la hojarasca dorada
donde tantas veces la complació la vida,
suavemente la anciana se sentó a la vera,
sonrió a sus recuerdos, y con la ternura
acariciando su rostro, cerró sus ojos cansados
para abrir los brazos aferrándose al calor
de la partida que la lleva sin prisa
hasta su ansiada primavera.

CLEMENCIA

En la noche que rodea de tinieblas la mesa,
me arrodillo ante la cruz que soporta tu cuerpo
que sangra y huele a hiel,
y al escuchar el murmullo que brota de tus labios
confieso mi acción que te condenó a vivir ese suplicio.
Ansío gozar tu clemencia,
inmerso entre túmulos de conciencias
que han aglutinado alegría y sinsabores,
que han vertido fantasías en el torrente de la vida.
Ilusiones vanas con ribetes de sueños prohibidos,
entre dolores de pasados ahogados en lágrimas.
Imploro tu perdón para sanar
heridas cansadas que llevo en mi interior,
porque calcinan el alma,
como si bulleran en fuegos de purificación.

IN MORTIS

En el nombre del Padre,
la mañana acaricio esperanzas,
lazos de indulgencia
entre arbustos colmados de espinas
donde encontró el destino las huellas,
En el nombre del Hijo,
oleadas de rubor colmaron mejillas
resintiendo soledad
del alma convulsa,
ofreciendo sudarios de niebla
en inconsciencia de agonía.
En el nombre del Espíritu Santo,
la luz en el umbral del sendero
brilló al sonreír la inocencia.
El alma se tornó capullo.
El niño desplegó sus alas.
Se posó en el infinito.
Amén.

AL FINAL DEL DÍA

Finaliza el día su jornada
sin retomar la senda, plantando su esperanza,
emulando aguas que no retornan su mismo cauce,
hojas que no vuelven a su misma rama,
porque se desprenden para tejer alfombras
que darán la bienvenida a la alborada.
El día se aleja, la vida canta, sufre,
llora porque al final del camino espera un niño
sentado a la vera.
Aquel niño que un día corrió la pradera,
que un día de gloria desposó a la primavera,
que revolviendo sus cabellos plateados mira al cielo.
La noche anhela abrazar a aquel niño
cuando las horas en el reloj
se acaben y la espera termine.

INFORTUNIO

Voy a tomar del infortunio los yerros del pasado,
las acciones confusas, las maldiciones, los lamentos,
para fundirlos con barro amargo,
del que confunde el paso por las veredas,
para que expíen culpas las pisadas de caminantes.
Voy a tomar de la bienaventuranza idearios de alegría,
placidez de la esperanza,
bienestar de las mañanas,
para irrigar senderos de vida,
para cubrir de gracia al hombre nuevo
que ha de vivir la paz del nuevo día.

AL FINAL

La tarde camina lenta cargando en su fardo
el sol a cuestas, casi a tropezones,
porque pesa la soledad que respira, y el tiempo agoniza.
Un morral acompaña el trayecto
con amasijos de recuerdos,
donde se revuelven ecos de música estridente, de baile,
esencias de licores baratos, poesía plagada de insurgencia,
mujeres bellas y sexo fresco.
Placeres de un ayer que agitan la conciencia
y hacen reír un instante para llorar el siguiente.
El sol agónico en su soledad se apaga.
La tarde camina lenta
mientras la luz agoniza en la mirada.

AMARGO FUTURO

Sombra soy de un pájaro errante
que arribó la noche del olvido.
Recuerdo vil del cuervo flagrante
que enmudeció sin prisas, dolido.

Penar de alma soy, languideciendo
entre ventanas de dolor ajeno.
Suspiro vacío, de pena muriendo
en lento trajín de tiempo sereno.

Huella dolorosa que se impacta
en el fango obscuro, maloliente,
voraz, de la inclemente calzada.

Voz mustia que no canta alabanzas.
Dolor de esperanzas maldicientes.
sin amor, sin futuro, olvidadas

QUÉ FUE DE LA INSPIRACIÓN

No puedo escribir versos porque tengo el alma
cautiva en el ocio del dolor,
desfalleciendo cual gorrión herido
que ansía posarse en la flor,
sin poder apreciar su aroma, ni distinguir su color.
Sueño como naufrago, a la deriva
entre espumas de olas que con caricias
buscan aliviar la herida.
 Pero duele,
como le duele a la eternidad la crispación
de la corona de espinas,
o el hedor de la hiel y el vinagre
que a punta de lanza avivaron la sed mezquina.
No fluye la poesía.
La herida es eterna.
Las palabras son un soplo de agonía.

VACÍO DE SOLEDAD

La noche con aires de decrepitud
prolongó el silencio hacia la mar,
eternizando el vacío que se impregnó
en la vela del viejo barco que
encalló en el banco de estrellas
mirando la cruz del sur.
En el cenit la luna deambula llevando
la bufanda de seda con el nombre
del amante bordado en terciopelo.
En la cima barrida por la ola, la caracola apila
granitos de arena para mirarlos navegar
confundidos con la espuma.
En la habitación, junto a la sombra que espera,
entronizando el olvido, la soledad susurra su pena.

CANTO A MI SOLEDAD

Soledad, tu dolor invade las fibras del alma,
que en silencio gritan, asfixiando recuerdos,
avivando sollozos que afligen sentimientos.
Tu presencia obnubila sentimientos, haciendo brotar
rencores que aniquilan la pasión que forjó la vida.
Como no voy a quererte,
si solo en ti vierto mi llanto y confieso mis penas,
si solo tú me ves llorar en la espera;
y como amiga fiel me cubres con tu manto
calmando esta desesperación que a ratitos mata.
Soledad, si enturbio tu vida con esta tristeza mía,
haz de mis penas un cáliz y ofréndalo al amor,
para brindar por la pasión
que en otro tiempo me acompañó,
caminando a mi lado con una sonrisa.
Si eres fiel compañera, debo aprender a quererte,
a esperar el día en que te ausentes
para entregarme a quien será mi eterna primavera.

Al final del camino

En el atardecer de la vida
se despojan de sus alas las mariposas
y los copos de nieve bañan con su aliento
el despertar del frio invierno.
El hilo de plata lentamente se agita,
presumiendo el final de la añorada espera
en tanto dibuja en la penumbra
arcos de colores, con abrazos de cuerpos
sin brazos, sin ojos, sin rubor
en rostros que no existen,
más prodigan caricias de bienvenida
al sitio de la gracia plena.

AL MORIR LA PRIMAVERA

No tengo nada qué decir.
La voz es un triste quebranto,
que se ahoga en el eco del aire que agoniza.
La risa simula murmullos que se acallan
ante la brisa que filtra el horizonte
entre telarañas inquietas,
ávidas de cielo, bañadas en llanto.
No tengo nada qué decir.
A mi boca la cerró la angustia que se coló
tras el suspiro al morir la primavera,
dejando en los ojos desolación de hojas muertas,
que entretejieron alfombras para abrigar
desnudas raíces del árbol nodriza
que un día les mostró la vida.
No tengo nada qué decir.
El infortunio apagó la risa.

Presagio del adiós

Será una noche de tristes realidades
cuando vientos insensibles abatan huesos frágiles,
y el ave abandone sus polluelos en el nido,
deslizándose entre la corriente hasta perder su norte,
deambulando sin identidad, abandonada al hastío.
Esa noche la flor de la conciencia marchitará sus pétalos,
sin esperar la calma que precede a la tormenta,
sin esperar que cese el desengaño
y se escuchen susurros de amor,
arrullando suspiros de esperanza.
Esa noche cuando la lucidez aún no se apague
y el espíritu no inicie su viaje al infinito,
desnudaré el corazón ante ti,
abriré los brazos en cruz y saludaré la luz amada.

INTERROGANTE

Qué habrá más allá de este túnel sin sombras,
de parajes dispersos, de momentos con luces radiantes.
Qué habrá más allá de este caminar
sorteando pasos tras la huella antigua.
Será que un arco de luz dará la bienvenida,
o al llegar al Aqueronte el barquero zarpará
sin llevarnos a la otra orilla,
como castigo eterno por no poseer
monedas cerca de las mejillas.

O acaso luz de sonrisas amigas,
guiarán al viajero hasta su jardín
para brindar con colores de arcoíris
por el peregrinaje que inició al cerrar
los ojos en la noche callada
y acabó sereno con el nacimiento a la nueva vida.

TRÁNSITO DE UN ALMA EN PENA

Vaga en la noche contemplando luz de luna
con ojos que no ven,
derramando lágrimas de fuentes secas.
No continuó el tránsito hacia su destino,
porque el cuervo devoró los ojos,
y en la penumbra el ocaso no supo encontrar
los cuencos en ese cuerpo vacío y desolado,
quedando el viajero suspendido
entre estelas de ánimas errantes.
Caronte no miró monedas y la barcaza
siguió su rumbo a paso lento por el Aqueronte.
La noche acicalaba estrellas,
y el hilo de plata conjuró un sortilegio
anhelando amor de alguna de ellas.
En la otra ribera le espera su suerte
y en el agua la barca se aleja ligera.
La muerte llama desde la otra orilla,
mientras el alma revuelve la arena buscando
óbolos de historia, vagando en silencio
con almas en pena que pueblan la ribera.
El barquero de Hades no espera.

EPITAFIO

Pasan silenciosas las horas en el sepulcro,
como si quisieran arrepentirse de haber llegado,
pasan cavilando sueños tejidos en mortajas.
Pasan sin prisas esquivando tiempos,
fingiendo elegancia,
simulando la cadencia de la capa del torero
envuelta en los cuernos del astado,
o emulando la gracia del músico
que deja impresa en el pentagrama
la melodía del jilguero al morir la tarde.
En la tumba fría duerme su sueño aquel
que quiso cantar de la vida sus amores.
Yace sin luz en su aposento sin plantas,
sin flores, sin nada.
Solo coronada por una lápida grabada con letras burdas
por la tragedia del sudor y el golpe del cincel.
Sin caligrafía que aliviara la pena,
mostrando versos insertos en el corazón del tiempo.
Versos que gimen murmuraciones clamando a los cielos.
"Aquí mora el poeta que soñó con la justicia,
con las flores, las aves y el mendigo.
Murió anhelando amores.
Aquí yace aquel que no fue,
no estuvo y no miró más allá de su utopía."

ACERCA DEL AUTOR

Arnoldo Quirós Salazar. Turrialba, Costa Rica. Poeta, escritor, ingeniero agrónomo zootecnista y bombero. Es un integrante activo del Taller Literario UNED facilitado por Erick Gil Salas. Ha participado en los festivales Tomados por el arte de Turrialba Literaria, el 8vo. Festival Grito de Mujer, Costa Rica y el FIP Turrialba 2019 y 2020. Poemarios y obra narrativa inédita: *En la intimidad del campesino* y *Laberintos de tristeza*. Su ópera prima *Policromías* (2019) fue publicada por Sello Turrialba Literaria.

ÍNDICE

Al olvido llama el puerto

Conversación con Dios · 11
El patio de mi casa · 12
El corredor · 13
La banca · 14
En el mundo · 15
Palabras · 17
Colores · 18
Iguales · 19
Nostalgia · 20
Y Dios dijo · 21
Como sangre que irriga mi cuerpo · 22
Mis besos · 23
Esperanza · 24
Quiero · 25
Tierra mía · 26
No más tumbas sin nombre · 27
Oscuridad · 28
Rostro humano · 29
En la arena · 30
Viento · 31
Amanecer · 32
La nueva vida · 33
Quiero verte, primavera · 35
Carta para Emma · 36
Apareció en la nada · 37
Incertidumbre · 38

Indigente · 39
Inconsciente · 40
Silencio de la noche · 41
Con el alma rota · 43
Lágrimas · 44
Vivir en paz · 45
Arboleda de paz · 46
Qué será de mí · 47
Ángelus del mediodía · 48
Al olvido llama el puerto · 49
Al caer la tarde · 51
Ángelus de medianoche · 52
Conciencia · 53
La juventud se fue · 54
El olvido mata · 55
En la noche · 56
Horas vacías · 57
Turbación · 58
Letrs del camino · 59
Silencio púrpura · 60
Versos itinerantes · 61
Vida extraña · 62
Ritual de la mañana · 63
Las campanas de San Vito · 64
La locura · 65
Hoja en blanco · 66
Sueños en el etéreo · 67
Ansiedad · 68
Anhelos · 69
Almas dolidas · 71
Dolor de una vida · 72

El olvido mata · 73
El próximo verano · 74
Profesión de fe · 75
Romance · 77
Al morir la noche · 81
Bienvenida, primavera · 82
Clemencia · 83
In Mortis · 84
Al final del día · 85
Infortunio · 86
Al final · 87
Amargo futuro · 88
Qué fue de la inspiración · 89
Vacío de soledad · 90
Canto a mi soledad · 91
Al final del camino · 92
Al morir la primavera · 93
Presagio del adiós · 94
Interrogante · 95
Tránsito de un alma en pena · 96
Epitafio · 97
Acerca del autor ·101

Colección
MUSEO SALVAJE
Poesía latinoamericana
(Homenaje a Olga Orozco)

1
La imperfección del deseo
Adrián Cadavid

2
La sal de la locura / Le Sel de la folie
Fredy Yezzed

3
El idioma de los parques / The Language of the Parks
Marisa Russo

4
Los días de Ellwood
Manuel Adrián López

5
Los dictados del mar
William Velásquez Vásquez

6
Paisaje nihilista
Susan Campos Fonseca

7
La doncella sin manos
Magdalena Camargo Lemieszek

8
Disidencia
Katherine Medina Rondón

9
Danza de cuatro brazos
Silvia Siller

10
Carta de las mujeres de este país / Letter from the Women of this Country
Fredy Yezzed

11
El año de la necesidad
Juan Carlos Olivas

12
El país de las palabras rotas / The Land of Broken Words
Juan Esteban Londoño

13
Versos vagabundos
Milton Fernández

14
Cerrar una ciudad
Santiago Grijalva

15
El rumor de las cosas
Linda Morales Caballero

16
La canción que me salva / The Song that Saves Me
Sergio Geese

17
El nombre del alba
Juan Suárez

18
Tarde en Manhattan
Karla Coreas

19
Un cuerpo negro / A Black Body
Lubi Prates

20
Sin lengua y otras imposibilidades dramáticas
Ely Rosa Zamora

21
*El diario inédito del filósofo vienés Ludwig Wittgenstein /
Le Journal Inédit Du Philosophe Viennois Ludwig Wittgenstein*
Fredy Yezzed

22
El rastro de la grulla / The Crane's Trail
Monthia Sancho

23
Un árbol cruza la ciudad / A Tree Crossing The City
Miguel Ángel Zapata

24
Las semillas del Muntú
Ashanti Dinah

25
Paracaidistas de Checoslovaquia
Eduardo Bechara Navratilova

26
Este permanecer en la tierra
Angélica Hoyos Guzmán

27
Tocadiscos
William Velásquez

28
*De como las aves pronuncian su dalia frente al cardo /
How the Birds Pronounce Their Dahlia Facing the Thistle*
Francisco Trejo

29
El escondite de los plagios / The Hideaway of Plagiarism
Luis Alberto Ambroggio

Colección
TRÁNSITO DE FUEGO
Poesía centroamericana y mexicana
(Homenaje a Eunice Odio)

1
41 meses en pausa
Rebeca Bolaños Cubillo

2
La infancia es una película de culto
Dennis Ávila

3
Luces
Marianela Tortós Albán

4
La voz que duerme entre las piedras
Luis Esteban Rodríguez Romero

5
Solo
César Angulo Navarro

6
Échele miel
Cristopher Montero Corrales

7
La quinta esquina del cuadrilátero
Paola Valverde

8
El diablo vuelve a casa
Marco Aguilar

9
El diablo vuelve a casa
Randall Roque

10
Intimidades / Intimacies
Odeth Osorio Orduña

11
Sinfonía del ayer
Carlos Enrique Rivera Chacón

12
Tiro de gracia / Coup de Grace
Ulises Córdova

13
Sinfonía del ayer
Arnoldo Quirós Salazar

Colección
MUNDO DEL REVÉS
Poesía infantil
(Homenaje a María Elena Walsh)

1
Amor completo como un esqueleto
Minor Arias Uva

2
Del libro de cuentos inventados por mamá
La joven ombú
Marisa Russo

***

Colección
PARED CONTIGUA
Poesía española
(Homenaje a María Victoria Atencia)

1
La orilla libre / The Free Shore
Pedro Larrea

2
No eres nadie hasta que te disparan /
You are nobody until you get shot
Rafael Soler

Colección
PIEDRA DE LA LOCURA
Antologías personales
(Homenaje a Alejandra Pizarnik)

1
Colección Particular
Juan Carlos Olivas

2
Kafka en la aldea de la hipnosis
Javier Alvarado

3
Memoria incendiada
Homero Carvalho Oliva

4
Ritual de la memoria
Waldo Leyva

5
Poemas del reencuentro
Julieta Dobles

6
El fuego azul de los inviernos
Xavier Oquendo Troncoso

7
Hipótesis del sueño
Miguel Falquez Certain

8
Una brisa, una vez
Ricardo Yañez

9
Sumario de los ciegos
Francisco Trejo

10
A cada bosque sus hojas al viento
Hugo Mujica

Colección
LABIOS EN LLAMAS
Poesía emergente
(Homenaje a Lydia Dávila)

1
Fiesta equivocada
Lucía Carvalho

2
Entropías
Byron Ramírez Agüero

3
Reposo entre agujas
Daniel Araya Tortós

***

Colección
VEINTE SURCOS
Antologías colectivas
(Homenaje a Julia de Burgos)

1
Antología 2020 / Anthology 2020
Ocho poetas hispanounidenses / Eight Hispanic American Poets
Luis Alberto Ambroggio

Colección
CUARTEL
Premios de poesía
(Homenaje a Clemencia Tariffa)

1
El hueso de los días.
Camilo Restrepo Monsalve
-
V Premio Nacional de Poesía
Tomás Vargas Osorio

***

Colección
VIVO FUEGO
Poesía esencial
(Homenaje a Concha Urquiza)

1
Ecuatorial / Equatorial
Vicente Huidobro

Colección
SOBREVIVO
Poesía social
(Homenaje a Claribel Alegría)

1
#@nicaragüita
María Palitachi

***

Colección
CRUZANDO EL AGUA
Poesía traducida al español
(Homenaje a Sylvia Plath)

1
The Moon in the Cusp of My Hand /
La luna en la cúspide de mi mano
Lola Koundakjian

Para los que piensan, como Waldo Leyva, que "la palabra ha llegado al extremo de la perfeción", este libro se terminó de imprimir en junio de 2020 en los Estados Unidos de América.